AF450967

TSONKIRI

«lo que vuela más alto»

Danitza Crosby

EDIQUID

TSONKIRI
«lo que vuela más alto»
© Danitza Crosby, 2020

Editado por: Corporación Ígneo S.A.C
para su sello editorial Ediquid
Av. Arequipa 185 1380,
Urb. Santa Beatriz. Lima - Perú

ISBN: 978-612-48345-6-1
Impresión bajo demanda

Hecho el Depósito Legal en la Biblioteca Nacional del Perú N° 2020-08219
Se terminó de imprimir en noviembre del 2020 en:
ALEPH IMPRESIONES SRL
Jr. Risso Nro. 580
Lince - Lima.

www.grupoigneo.com
Correo electrónico: contacto@grupoigneo.com
Facebook: Grupo Ígneo | Twitter: @editorialigneo | Instagram: @grupoigneo

Diseño de portada: Oriana Vargas
Coordinación: Dayana Villa
Diagramación: Dianora Gómez Nessi

Colección: Nuevas voces

Gracias a los pobladores de Quempiri,

gracias, hermanos Ashánincas de Río Tambo-Junín,

por los hermosos momentos y el aprendizaje compartido.

CONTENIDO

LIBRO PRIMERO

DE PROFUNDIS AD LUCEM

«He venido a tomar posesión de Mi Trono, a que se reconozca

Mi Dignidad, pues todo eso era Mío antes de que existierais vosotros

los dioses;

así pues bajad y pasad a ocupar los últimos puestos,

porque Yo soy Un Mago».

(Conjuro nº 261 de los Textos de los Ataúdes egipcios).

dedicada a Ninurtu,

mi amado saturno.

Mensaje 1

Puedo decirte, hermano mío

nada y todo,

es verdad

Sí, sí lo es;

no, no, lo es

nos engañaron todo el tiempo

lo que es peor

tú vives a diario

esta mentira

pero

podemos despertar

del sueño de soñar.

Olisqueándote

He escuchado tu asmática respiración,

cerca de mi ser.

He oído tus revelaciones aparentes,

a veces hasta fingía creerlas,

pero siempre respiré un filtrado, presente

olor nauseabundo emanando de tu verdad.

Entonces me arme de valor y mirándote,

frente a frente,

osé despertar a los otros.

Soy ahora tu enemiga declarada,

soy ahora quien destapará cada engaño.

Abanderaré cada espacio de tiempo,

cada vida, cada instante, cada rayo de luz

para destruir tus intentos de dominación.

No estoy aquí para adormecerme

no, nunca más.

Retrato

Hay veces en que miro tu cuerpo

y me absorbo

en sus delicadas porosidades;

en tu *derrière*,

tus ajustadas caderas.

Hay veces que me pierdo en tu aroma,

en tu manía de agradar los instantes.

Hay veces que me despierto entre tus brazos

y te miro hondamente,

hay veces que mientras

conversas navego en tus ojos

clasificando verdades

y sin embargo, hay veces,

en que te olvido

y eres parte del todo

unificándote a mí,

unilateralmente.

Nunca fuiste otro.

Cableándonos

Cuánto cuesta despertar

y vigilar lo atados

que estamos a esta Matrix.

Miles de cables rodeándonos

uno a uno.

Cables conectados,

generaciones tras generaciones.

Repetitivamente,

errores tras errores,

horrores tras horrores

vergüenzas

traiciones

dolor y miedo.

Cuánta podredumbre

devastada la mentira

solo quedas tú

liberado.

Concentración

Inciensos rodeando

armonizaciones

meditaciones profundas

instantes de paz

y de pronto

el mundo

las carreteras de la vida

se acelera la respiración

enfermedades por doquier

gente dormida

incapacidad

apegos innecesarios

muletas y muletas

y vuelves al incienso

y tratas de equilibrarte

y mientras tanto

los otros

no aquietan su mente

por tanto

crees no poder hacerlo

no te detengas

logra esa deseada paz

encuentra la Felicidad

nosotros te seguimos.

Crecer 1

Hemos venido

a crecer

con alas

con colas

con aureolas

o sin ellas.

Arroyito

No fui tu enemigo nunca,

solo fui

el que miraba

desde el arroyito.

Nunca quise

que eligieras,

que sufrieras,

que perdieras tiempo,

nunca quise lastimarte.

Solo quería

verte volar.

Sin embargo,

te aplasté

una y otra vez.

Past time

Mientras tu sueñas con fama,

yo sueño

con caminar

hacia los antiguos templos.

Mientras sueñas con ambicionados premios,

sueño con alejarme de las multitudes;

mientras sueñas con viajar

y hacer excentricidades,

yo ansío llegar a la paz absoluta,

tal vez dejando de moverme.

Tú y yo juntos,

perfectas piezas vibrantes

en el infinito tiempo del instante;

tú y yo resplandecientes luces

aquietadas,

juntas nubecitas

retratadas en el horizonte del ayer.

Tú y yo,

todo un universo

sonando al unísono

de una verdad.

Dopamina

Cuando los pensamientos bailotean

como mariposas inquietas,

divirtiéndose con irresistibles volutas

estoy atenta al silencio de sus fulgurantes

movimientos

y espero...

Espero silenciarlos uno a uno,

tiempo al tiempo,

los agarraré y dormiré

plácidamente, son míos

son vuestros,

shuuuu.

Disyuntiva

Siempre

lo oí:

Discípulo a Maestro,

amando el significado,

tal vez sin reconocerlo

y, sin embargo,

atónita ante el engaño.

Muchos Maestros,

sin verdaderos discípulos

y muchos Discípulos,

sin verdaderos Maestros.

Aprendizaje

En definitiva

cada instante

de aprendizaje

lo he pasado

a veces semidormida

a veces despierta

a veces regañando

a veces lamentando

aprendizaje al fin

estoico

asombroso

choque emocional

consciencia

Muerte - Vida.

Franciscanas sandalias

Puedo decir

que te amo desde que te vi,

con tus sandalias franciscanas

y tus dedos en libertad.

Tu sonrisa que lo abarca todo

y tus ojos capaces

de hacer mirar

hacia dentro,

incluso mío.

Recuerdo tu inmutable caballerosidad,

tu arrollante valentía,

tu corazón magnánimo.

Amaré el instante venidero,

tu brazo fraterno,

las interminables conversas.

Un destino espera

allí fuera

de seguro

ya lo hemos creado

y estaremos allí

hasta el final de los tiempos:

amándonos

sintiéndonos

protegiéndonos.

Desborde

Cuando el llanto

quiere salirse,

desbordarse,

es buenísimo

abrir

las compuertas,

dejar libre su paso,

dejarle deslizarse,

suavemente

agresivamente

voluptuosamente.

Recuerdos de Quempiri Vrae
Selva Central

Fotografía: Dakota

LIBRO SEGUNDO

SUEÑO SIN SUEÑO

«Los hombres razonables se adaptan al mundo.

Los hombres insensatos

hacen que el mundo se adapte a ellos.

Por eso el progreso depende de hombres insensatos».

GEORGE BERNARD SHAW

Dedicada a la férrea voluntad del desconocido,

por volver a su interior y despertar.

I

Lirios

Dejar que ames

cada parte de mi ser,

dibujándome en cada noche luna,

mezclando óleos con aromas,

sembrando lirios por doquier.

Ahora

han crecido en mi pecho

y vuelan mariposas

verdiazules.

II

Alas

Brillantes

mágicas

las sandalias

que me

pusiste

cuando nací

alas le crecieron

vuelan así.

III

Vuelta y vuelta

Cuántas veces

he vuelto,

cuántas veces transformé

cada despertar

es una ambiciosa

oportunidad.

Y vuelves, vuelves, vuelves

a saltar este juego

luz/ oscuridad

vida/ muerte

elecciones siempre.

IV

Carnavalito Cajamarquino

Colinita, colinita
pasan los años sigues bonita. (Bis)

serán tus cielos azules

serán tus montañitas

acaso tus preciosas chinas

serán sus cinturitas.

pintan tus carnavales

con globos tintas y coplas

van bailando comparsas

y el amor que a mí me toca.

Son tus quesos y tus humitas

y el rico manjar blanquito

será tu gente siempre tan bonita

y tus bellos carnavalitos.

V

Volar

te vi llorar

tras los ventanales ojos

oí tus suspiros,

llenando el instante.

He visto ser amado,

los deseos creciendo,

en tu pecho.

La ira creciendo

en tus puños.

He visto tu verdad,

busca tu sino,

compañero,

vuela alto,

muy alto.

VI

Árboles

Árboles verdes

rojos

azules;

árboles de eucalipto

algarrobos

cipreses;

árboles pies, manos

matrices.

Árboles

hombres, mujeres

niños y niñas;

árboles ancestros

tierra

universo.

VII

Desorden

Nunca, never jamás

me acostumbraré.

Me atolondra

la inercia,

me enceguece

la dejadez,

enfurecida,

enojada,

no deseo

este reflejo,

sin embargo

es tan mío,

tan nuestro,

tan vuestro,

este desorden.

VIII

Volar 2

¿Y si volara?

Me crecerían

flores

manos

ojos

y lograría

alcanzarte

en cualquier

cielo

montaña

valle.

X

Arrendamiento

Arrendaré mi corazón,

lo arrendaré a la comprensión,

lo amueblaré con tolerancia

lo decoraré con respeto,

pintaré mariposas

y amanecerá en otras manos,

alquilado.

XI

Al desconocido

camina observándonos,

avanza cauteloso.

Le sudan las manos,

enrojecen sus ojos,

dibuja una semisonrisa.

Avanza por las avenidas,

nos persigue

día y noche,

espera atento,

sonríe.

El desconocido

soy yo,

eres tú

buscándome-te.

XII

Senderos

se me antojan

las mochilas,

el sendero

que nunca acaba,

la sonrisa

en los terminales.

Se me antoja

viajar hacia dentro,

donde viven mis amazonas,

donde los budas

entornan los ojos,

cantando mantras;

donde mi mente descansa.

Se me antoja el sendero

de la no vuelta.

XIII

Corazón blindado

Blindando el corazón

no había problemas,

pero dejas la puerta abierta

y llega la luz

vaporosa,

con florecillas

multicolores

y entonces de la nada

aparecen hadas,

duendes y gnomos

y lirios blancos y rosas,

orquídeas y girasoles.

Si te das cuenta,

cuando estuvieron

los soldados

resguardando

la entrada

no alcanzaron

a ver la flecha.

El amor

calló de frente

y sin opciones.

XIV

Baúl de recuerdos

Dedicado a John Charles

Si voy a brindar

es por lo nuestro,

estos viejos recuerdos

que se acumularon,

como perfumadas cartas

del baúl de los abuelos.

Si voy a brindar

es por nosotros,

que nos envejecemos

tratando de hallarnos.

Si brindo

es por si algún día

nos hallemos

y que las arrugas

no hayan llegado

al alma.

XV

Frío

Frío que penetra los huesos,
frío que detiene
y neutraliza el movimiento,
frío diestro
que desencaja
las mandíbulas
y nos empuja al encierro.
Frío, detente,
que no hay
calentadores
del pecho;
en mi corazón
hoy es invierno.

XVI

Din Don

Din Don

¿quién es?

YO SOY

Din don

¿quién es?

Aquí estoy

Din don

¿quién es?

Dormido estoy

Din don

¿quién es?

YO SOY

Din don

¿quién es?

Muerto estoy

Din don

¿quién es?

Nazco hoy.

XVII

Respirando

Lo dije:

respirar es el secreto,

cuando duela el pecho,

cuando duela hasta el alma,

cuando duela el cielo,

respirar es el secreto.

Cuando se alejan

los buenos tiempos,

cuando se destruyen nuestros sueños

y el aprendizaje llega completo,

cuando el karma

te revuelca en el suelo:

respirar es el secreto.

 Cuando las emociones

se encabritan,

cuando la intensidad te habita,

entonces, respirar es bueno.

XVIII

Durmiendo

Brilla, brilla,

lucecita,

alcanza los cielos,

abre los sellos.

Llegó el momento

de despertar.

No podemos

dejarles dormir

el sueño eterno,

volcarán sus nombres

imprimirán su historia,

ellos vienen a sanar

¡abridles la puerta!

XIX

Mar en sus costas

Cuando sea mar,

arremeteré en sus costas

desapareciendo

cada hilo tejido

arduamente.

Cuando sea mar

inundaré

tus tierras,

con descaro.

Cuando sea mar

te llenaré

con impetuosa pasión

cegándote...

y te olvidarás de mí.

XX

Luz

Subiré

a por ti,

así tenga

que trepar

elevadas

montañas

cielos,

universos,

con las uñas,

con el alma,

llegaré por ti.

XXI

Líneas del poeta

Poeta soy

cuando deletreo los instantes

y dibujo en el infinito

tus pesares.

Soy poeta

cuando pinto

con mis manos

tu lienzo- cuerpo.

Soy poeta

cuando

con mi boca

te acerco el paraíso

de mi infierno.

Soy poeta

y no me enorgullezco

pues escribí

con mi sangre

cada línea

de mis versos.

XXI

Cubo perfecto

Cuatro paredes

en este frio cuerpo,

cuatro motivos

para sentirse aplastado

por un cubo perfecto.

Cuatro sencillas razones

para no tener más razones,

cuatro extraños motivos

para despedirse,

sin embargo,

ineludiblemente

olvidas el cubo

el cuarto

el cuerpo

la muerte.

Despertar quiero.

XXII

Tierra final

Aquí no mueren

ni matan los amores,

aquí florecen

los corazones.

Aquí estamos

los que amaron

y crecieron

nuestros frutos.

Somos y seremos

eternamente

los buscadores;

nos hallamos,

al fin.

XXIV

Versos flores

Te vas

porque te abro la puerta,

te vas

y no te detengas.

Tengo las armas,

listo el silencio

de mis ojos.

Ya no hallarás

más respuestas,

ya no tengo

versos flores.

Me cubren los abrojos,

crecen espinas

tras de ti.

XXV

Amor

Amanecer al amor,

olvidando

el dulce amargor.

Amaneciendo

al sol

de las caricias

y,

aunque sin alas,

vuelan los pensamientos.

Volvería al amor

aunque

me quemen otras tantas vidas,

aunque duela,

volvería

volveré.

XXVI

Encadenados

Esclavos

encadenados

a nuestras creencias,

habitando verdades

que no son nuestras,

aceptando motivos

de los ancestros,

esclavizados vamos,

esclavos somos.

Libertad

buscando,

libertad queriendo,

libertad encontrando,

desencadenando.

XXVII

Caminantes

Menudos caminantes

crecen y retoñan

en cada viaje,

con sus crestas de colores,

con sus *dreadls*

y hablar gracioso.

Avanzan,

inyectada la adrenalina

en el equipaje,

van sus pasos

pintando un nuevo mundo.

Vienen de lejanas tierras,

encarnaron de otras vidas,

traen sabiduría

en sus sandalias.

Liberaron sus motivos:

vienen bendecidos.

XXVIII

Carnaval 2

Carnavales

carnavalitos

cumbemayino soy

gritan las coplas

carnavales

carnavalitos

suben y bajan

las comparsitas

bellos disfraces

enmascarados

y los corazones

van bien pintados

cumbemayino

cumbemayino soy

voy cantando coplas

al barrio de mis amores

ya no tengo motivos

ni sinsabores

cumbe mayo

cumbemayino

Soy.

XXX

Regando

Vienes y te espero,

sonrisa al viento.

Mi alma sonríe

a tu sincero apego,

ahora

que ha crecido,

cual enredadera,

he de regarte

con palabras sinceras,

amada mía:

mi corazón

desierto

florece

solo con nombrarte.

XXXI

Mirando desde la ventana

Lima, 15 marzo de 2018

Aquí estoy

en la ventana,

mirando

los carros

cual liendres,

habitando

la ciudad.

Aquí estoy,

otra yo,

pintando

el presente.

XXXII

Continente soy

Soy un continente,

me extiendo

vertiginosamente,

ya nadie puede detenerme

enigmáticamente YO SOY.

XXXIII

Infierno no compartido

No habitaré tu infierno,

he creado el mío.

Sembré orquídeas

y lirios

en cada esquina,

los llené de versos

los pinté color fuego

para acentuar

el incendio.

Allí me gratifican

mis heridas,

cada una

con significado intenso.

No busco compartir tu infierno,

el mío es imperecedero.

Cuando no estoy

búscame en el mar

de seguro volví

con las ninfas y sirenas

o quizá partí volando al cielo

si, tal vez volví,

con mis hermanas

las estrellas.

XXXIV

Muñequita

Soy una bruja

vestida

de muñeca,

invocaré tus labios

y aparecerás

siempre

que yo quiera.

XXXV

Vuelo 3

He deambulado

con estas alas

mundos,

cielos,

infiernos.

A veces

hasta me conozco

el vuelo,

el firmamento,

la voz del hombre

eterno.

XXXVI

Chanchitolandia

El chancho es chancho,

no lo animaría

a recostarse en mi palacio

pues buscará el fango

y acaso las perlas

termine tragándoselas.

Me sentiré culpable

por su horrible muerte.

XXXVII

Caperucita y el Lobo

Transitar por la vida,

con una cesta de caperucita

cuando el lobo

ya se comió a la abuelita.

Sabes

viene a por ti,

no quieres seguir el camino corto,

harías cualquier cosa

por hallar al lobo.

Entonces

te colocas

a toda sonrisa

y cuando llega

te ríes a carcajadas,

le pateas el alma

y sacas a la abuelita, a tu hermana,

a tu prima y a la vecina

y sigues,

caminando alegremente

buscando otros caminos,

otras cestas,

otros lobos.

XXXVIII

Destruir

Ángeles y demonios,

luz y oscuridad.

Falsos protectores,

manipuladoras larvas.

Me libero.

Soy libre del creer,

no los alimentaré

más con mis deseos.

En el momento que todos despierten

tendrán que partir.

XL

Bella florecita

A Danka. Mi amada hija

Tus dulces ojos,

mi florecita,

tus delineados labios

donde sonrisas brotan,

magnánimas;

tu brillante ser

se extiende

hacia un dulce porvenir,

amada mía.

Hay fiebre y enfermedad por doquier,

haz de elevarte del fango

que tu sabio amor

encuentre su reflejo

en el agua vida.

Que seas luz,

preciosa inmensidad,

paz,

sabiduría,

en tu eterna senda,

siempre juntas.

L

Cajamarca 3

Me despedí de tus ojos azul cielo,

me despedí de tu firmamento,

siempre amable.

Me despido de tus sinuosas caderas,

montañas sabias y viejas.

Me despido de tu aroma frío

con bocanadas gélidas.

Me despido de tus carnavales

con un adiós de ida y próxima vuelta.

LI

NO

No

de decir no quiero,

de perseverante nunca más.

No

de negación rotunda

y sincera.

No

de cierra ciclos

venideros,

de tiempos urgentes y certeros.

No

de never

never

never.

Nunca

jamás.

LII

Quempiri, 18 de marzo del 2018

Un chaparrón

despertando mi fuerza

Quempiri

te dibujas en mi mente,

te delineas entre cántaros de agua y miel.

Bellas doncellas

caminan tus siluetados caminos,

donceles prestos y ávidos de sabiduría.

Aprendo, observo, siento

y me aferro a tus mañanas

de amaneceres sempiternos,

a tus brechas de historia lastimada,

a tus heridas ondas

y tus venas rojas, abiertas,

y delicadas.

Ay tierra mía, ay hermanos,

cómo sanarte, sanarles, sanarnos.

Islas de sirenas ensoñadas,

aves angelicales y guerreras.

He de sucumbir ante tus manantiales

y bañarme de sabidurías

en tus cielos estrellados,

que asemejan espejos ancestrales.

He visto tu estirpe

levantarse a cada noche,

siento tu manto de Madre

Vieja sabia de antaño.

Oí tu canto arrullador y festivo,

los ojos de tus madres hechiceras,

encantando los espacios

con sus mágicas manos creadoras.

Tus frutos, cual naranjas y cocos,

dulcificando las tardes de mi vida.

Gracias, Quempiri querida,

tus lunas resguardan mi sueño

y protegen nuestro canto.

TSONKIRI: "lo que vuela más alto"

Querida tierra

de sirenas misteriosas,

de vampiros de veloz vuelo.

¡ay de mí,

pequeña

ante tu sabiduría de siglos!

Pequeñita mi estirpe,

comparada

con tus ancestros vigías.

Dulces manjares tus frutos,

tan solo a un paso

y ya estoy cargada con

naranjas cacao, pipas y cañas,

amaneceres con tambores

o sin ellos,

sorprendentes amaneceres

tan diferentes de mi costa.

Ay, bella selva mía,

te abres como mariposa,

con tintes entre naranjas y negros,

aleteas cándidamente

vigilando mis pasos

selva querida.

Quempiri es una de tus flores,

me brinda su amor a diario.

He de entender mi vuelo

en tus ríos y serpenteantes caminos,

hallaré el embrujado entramado,

tu cofre secreto,

y seguiré en mi nave

rutilante navío,

de historias y viajes

donde cada día cuenta como nuevo,

donde mi corazón alberga

a sus tripulantes

en un para siempre eterno.

LIII

Huamanga

A Ramón de Selva de Oro

Y entonces

me salvaste,

viniste con tu

corcel blanco,

subiste a cuantos

caminantes encontramos

y me llevaste

cual Romeo a su Julieta,

cual Anthony a su Candy,

me salvaste

de las armas y de las grescas.

Quisieron detenernos en puerto Ene

y te encabritaste

y creciste cual árbol gigante,

cual enhiesta palmera de plátanos.

Te crecieron alas cual arcángel

y prometiste llevarme donde yo quisiera

y me dejaste completita en mi cabaña,

prometiendo volver.

Durante el camino cantamos

carnavales ayacuchanos

y me dedicaste

algunos versos huamanguinos,

transformados en dulcísimas coplas.

Entonces supe

que eras un guerrero

de los yungas y nativos,

y te dediqué mi más bella sonrisa

y toque tu corazón con mi melodía,

pues vi por tus ojos

el más bello resplandor,

desprovisto de malicia.

LIV

León de selva

Cuántas veces

he de toparme

con un león.

Los caminos están

llenos de tu estirpe,

cada uno en su silla de rey,

con sus fuertes pisadas

y magnos corazones,

cada cual tan diferente de sí.

He visto su dulce látigo

despertar a los otros

y entonces me recuerdo

de los años míos,

de tantos caminos recorridos

y de este mismo encuentro.

En cada selva vida:

los mismos argumentos.

LV

Madre selva

Escucho tu lengua

encandilada

con los sonidos

que proceden de tu boca.

No entiendo algunos

pero te siento.

Entiendo tu corazón

y sé que mascullas,

enamorada

de tus tierras,

vigilando

que mi mano

no lastime

a tus hijos,

que mi ser

no te traiga dolor.

Te veo y veo tu alma,

amada mía,

aprendo en el instante mismo

de tu silencio.

Aprendo

con tu risa contagiante,

aprendo de tus árboles,

sabios gigantes,

aprendo de cada minuto

en tus caminos,

de los instantes compartidos

con tus hijos.

Aprendo

de ti,

dulcecita Madre,

que me proteges

de mí misma.

LVI

Selvasomos

Ayer me perdí

y no hubo más dulcísimo

reencuentro

que encontrarme en ti,

perdidamente.

¡Ay, bello Quempiri!

Serpentean tus caminos

de ida y vuelta,

cantan tus aves

y a la noche

saltan

tus enigmáticos seres,

de rama en rama.

He visto a tus hombres y mujeres,

mirándome,

auscultando el alma.

Sonrío,

pues dentro de mí

van ríos, de norte a sur,

de este a oeste,

interminables caminos y vertientes,

como tú,

querida Madre Selva.

Me perdí

encontrándote,

aquietada,

esperándome,

sonriente,

apacible pero guerrera,

sinuosa y diáfana.

También

tan oscura y siniestra.

Entonces era como

verse ante el espejo,

tan tú,

tan yo,

tan selvasomos.

LVII

Bobita

cuando te conocí

eras un cúmulo de huesos,

enjuta y abandonada

a tu tristeza.

Entonces empecé a quererte

como cuando se quieren

las almas que se reconocen.

En la primera oportunidad

bañé tu cuerpo con cariño extremo

y no viniste en dos días;

huiste de mi aparente maldad.

Al día tercero volviste,

ocultando tu cola

entre las piernas,

y te entregaste

completita,

sin resquemores.

Ablandaste tu corazón para mí

y te amé

y cuando te amaba

ellos también te amaron,

y fuimos muchos

y te alimentamos con dulzura

y nunca más estuviste sola,

Bobita linda,

porque cuando alguien te ama

y aprendes a sola amarte

nunca más estamos solos.

Aprendemos

mientras tejemos las historias,

las hilvanamos,

a veces con odio,

a veces con amor.

Aprendemos

cuando giramos la rueda

y decidimos volver.

Aprendes

cuando asumes ser

responsable de lo elegido,

cuando te das cuenta

y entonces

vives consciente

de tu palabra y deseos.

LVIII

Poiesis

Pedazo de ambrosía

en mi mente,

poesía

líneas mágicas,

imperecederas,

poesía,

suaves y etéreos,

cuerpos,

hilvanando la tarde.

Poesía,

te clavas en mi pecho,

dulcemente.

LIX

Volátil

Volátil tu recuerdo,

transcurren los minutos

y mi voz,

aún,

no te ha llamado.

De pronto

apareces

y todos y cada uno

se empotran,

sin misericordia.

He sucumbido al amor,

me violaron tus ansias

¡aquí estoy!

LX

Letras

Y las letras

vienen despavoridas,

desnutridas,

de tanto amar.

Han pintado lienzos

en cada cuerpo,

dejando van

entrañables aromas,

inmortales suspiros.

Hoy

deambulan los silencios,

la casa se volvió

mejor escondite,

los deseos

sembrados en lotos

duermen

calladamente.

LXI

Preludio canto

Visiones del devenir.

He de matar

el instante

de tu recuerdo,

silenciando mi mente.

Hasta aquí el presente;

mi verdugo eras

hoy

has muerto.

LXII

Vuela

y
cuando alzas
vuelo
nadie
te detiene.
Solo tú,
vuela.

LXIII

Atardecer

En este atardecer

se pinta

magistralmente,

acaso

abriéndose a mi tacto

gimiendo,

con mi silencioso beso.

El placer

de cada instante

bailando rededor.

Sanguinario atardecer

que se lleva días de conquista

de vuelta,

me pinta el pasado

ya sin vida

maltrecho,

pero sin queja.

LXIV

Resumiendo

...sabineando

Vuelvo al lienzo,

papel vacío

hojas esperando,

anhelando,

y mis lápices de color

se deleitan.

Irremediablemente

he de pintar

el esplendor del beso,

su muerte

y resurrección

en dulces pieles.

Lo haré sintiendo

el presente

ya pasado.

LXV

¡Ah, Cupido!

¡Ay cupido!
cuántas veces
confundes el tiro.
Ay, cupido
harta de tus
travesuras
brindo por la ceguera
que ya no tengo
por sentir
los corazones en la mirada,
por descifrar las mentes
en las respiraciones forzadas.
Brindo por esa verdad
tatuada en los rostros,
imposible dejar de mirarlos
sin distinguir la verdad
acomodada
entre los dientes,
en los puños apretados,
en la yugular tensionada,
a pesar de la sonrisita retratada.
¡Ay, verdad! Cuánto dueles
en mi pecho,
pero cuanta paz
es saberte tan pura,
sin remilgos de amor,
contranatura.

LXVI

Telita de araña

Tejes arañita,

tu propia telita.

Redondito envuelves

las dulces traiciones.

Tejes y tejes

dolores perennes,

siembras

karma karmita,

naipes que vuelven

en dinamita.

Mientes y escondes

tu mascarita.

Pronto, prontito,

querida arañita,

da vueltas el mundo

y tu telita

linda, muy linda

arañita,

te envolverá

toda, todita.

LXVII

Enemigo

Y entonces

por más bellos instantes,

por cada divino momento,

detrás

tejías cual arañita.

Quisiste

destruir lo que creías,

no coherente.

Y descubrir tu ardid

me hizo sucumbir

en la pena honda;

cada sonrisa

traía una mentira

acomodada;

cada palabra en tu boca

dejó de tener certezas.

Aprendí a sonreír al karma creado

y te dejé seguir tejiendo

tu telaraña.

Sin miedo

dejé que mi corazón abrasara

cada parte de tu ser.

Tal vez, mi amor,

curé los tiempos de odio

de maltrato,

de venganzas,

de desamor,

traducida en traiciones

y venganzas a los otros.

Yo no soy tu enemigo

¡eres tú, el enemigo!

queriendo

vengar los actos

de mis ancestros.

Dejaste de verme

con el corazón,

dejaste la verdad y

sucumbiste al dolor,

tomando la posta

de justiciero.

Abre los ojos

y se capaz de la verdad,

de sinceramente vivir

sin lastimar.

LXVIII

Ninurto

sol de la noche

¡Oh, Ninurto!

Querido, Dios mío.

¿cuántas veces he de sucumbir?

A las tribulaciones,

en cada trampa mortal,

en cada abandono.

¿Cuánto dolor y pesar

cabe en nuestras sandalias?

Siempre caemos

y cual cabritas de monte

escalamos sin prisa, pero seguras.

Hay veces en que nos sentamos

a la tarde de invierno

y degustamos nuestras herencias.

Hay veces que el despilfarro

se nos hace placer instantáneo.

¡oh, Ninurto, amado saturno!

Nací en tu estrella

y hacia ti vuelvo,

con mi luz y oscuridad a cuestas.

Soy entonces la eterna niña

que juguetea con la rueda de la vida.

Degusto los instantes

me encandilo con las jóvenes pieles

y amo la belleza venusiana,

causante de mis más oscuros delirios y pérdidas.

Querido mío, mis sandalias prestas para subir

la montaña vida,

enseñar con humildad lo aprendido

y volver caprichosamente

a nacer,

con la eterna sed del aprender.

Gracias siempre por mi estrella,

todo lo deseado lo he tenido,

todo es agradecido.

Me voy con júbilo

de esta,

mi última vuelta.

Pobladores Asháníncas de Quempiri.

ÚLTIMOS TÍTULOS PUBLICADOS:

Pisando serpientes (Ricardo Celis)

El lado oscuro de la sombra y otros ladridos (José Baroja)

La tierra que la vio nacer (Jacqueline Hernández Medina)

Dios, la esencia y la verdad (Liz Huerta)

Seúl: Diario de un amor (Melina Fuenmayor Gotera)

Alas en el corazón (Cristian Moreno)

Un desvío desde la soberbia (Héctor H. Carbajal)

Antes de morir (Laura R. Bruzzese)

Todo va a estar bien (Jean Samira)

La maternidad en tiempos de coronavirus (Raquel Caspi)

Cuentos para soñar y no querer despertar (Arlis Milán)

Historia del balonpesado como deporte autóctono colombiano (Perea hijo, Murillo, Perea padre)

De vuelta al fogón. Descubriendo el calor de hogar en pandemia (Eslania Carrión)

Hay un lugar en el mundo (Jesús Huarhua)

El brillo de la vida (César Medina)

Encuentros con alienígenas en los Andes (Roger Idelfonso Huanca)

El reciclador (Manuel Rijalba Palacios)

Amante. amor fugaz soledad perenne (OVI)

Volver a sonreír (José Araya Contreras)